두뇌
수학
퍼즐

머리말

두뇌를 갈고 닦아 주는 두뇌 퍼즐!

　나는 두뇌 퍼즐을 무척이나 즐깁니다. 어린이들이 게임에 몰두하는 것 이상으로 두뇌 퍼즐을 즐기지요. 풀리지 않는 퍼즐을 앞에 놓고 밤을 새워 가며 씨름하기도 합니다. 수많은 퍼즐을 풀고, 유형을 분석하고, 차분히 해법을 찾아가며 이해력을 넓혀 가는 과정이 그 무엇보다 즐겁고 재미있기 때문입니다.

　인간의 뇌는 무한한 잠재력을 갖고 있습니다. 과학자들은 뇌를 사용하면 할수록 발달해 끝없이 새로운 생각을 할 수 있다고 믿고 있지요. 새로운 생각은 새로운 것들을 만들어 냅니다. 이전에는 생각지도 못한 스마트폰을 만들고, 로봇을 만들고, 인공 지능을 개발하며, 스스로 운전하는 자율 주행 자동차를 만들고 있습니다. 이처럼 문명이 첨단으로 발전하는 것도 바로 인간의 뇌가 무한히 개발되기 때문입니다. 어린이들이 살아갈 미래는 더욱 창의적인 두뇌를 가진 인재가 필요한 사회일 것입니다.

　어린이들은 두뇌를 갈고 닦을 적절한 자극이 필요합니다. 운동을 하면 체력이 좋아지듯 두뇌도 적극적으로 사용하면 인지 기능이 강화되지요. 이해하고, 추리하고, 기억하고, 계산하고, 판단하고…….

    여기에 초점을 맞춰, 즐겁고 재미있게 훈련하면서 두뇌를 갈고 닦을 수 있는 다양한 종류의 퍼즐을 마련했습니다. 두뇌 퍼즐을 풀려면 머리를 써야 하는데, 이렇게 머리를 쓰고 나면 기분이 좋아지고 창의력이 키워지며, 문제 해결 능력이 좋아집니다.

    퍼즐을 만들며 가장 힘쓴 점은 어린이 눈높이에 맞게 조절하는 것이었습니다. 다양한 퍼즐이 있을 수 있지만, 여기서는 퍼즐에 알맞은 상황을 만들어 어린이들이 자연스럽게 자기 문제로 인식할 수 있게끔, 집중도를 높일 수 있게끔 힘썼습니다. 또한 언어, 논리, 추리, 상상, 연산, 분석, 기억, 판단 등에 골고루 영향을 미치는 다양한 유형의 퍼즐을 만들고자 애썼습니다.

    개중에는 풀기에 인내심이 필요한 퍼즐도 있습니다. 안 풀린다고 그냥 넘어가지 마세요. 힘겹게 오른 산은 그만큼 기쁨과 만족도가 크답니다. 퍼즐에 집중하는 것만으로도 두뇌는 충분히 자극을 받습니다. 여기에 더해 좋은 생각, 즐거운 생각을 많이 하면 여러분의 뇌는 더욱 발달할 것입니다.

    자, 두뇌 퍼즐의 세계에 빠져들 준비가 됐나요?

    즐겁고 유익한 시간 보내세요!

차례

머리말 ... 4	**13** 동물원 현장 체험 학습 ... 38
	14 마법의 정사각형 ... 40
01 신비한 성냥개비 숫자 ... 10	**15** 달리기 시합 ... 42
02 그림으로 알아보는 글자 ... 12	**16** 그림으로 알아보는 속담 ... 44
03 있다 없다 퀴즈 1 ... 14	**17** 개와 닭과 쌀 ... 46
04 교차하지 않고 나가기 ... 16	**18** 연못 두 배로 넓히기 ... 48
05 반지 도둑 ... 18	**알고 나면 재밌는 수학 이야기**
06 컵 이동하기 ... 20	사건 해결의 일등 공신, 엑스레이 ... 50
알고 나면 재밌는 수학 이야기	
마법 같은 퍼즐 게임, 마방진 ... 22	**19** 출렁다리 건너기 ... 52
	20 있다 없다 퀴즈 2 ... 54
07 자물쇠 열기 ... 24	**21** 숫자 탑 ... 56
08 과일 순서대로 세우기 ... 26	**22** 직업과 취미 짝짓기 ... 58
09 삼촌과 부등호 게임 ... 28	**23** 블록 쌓기 ... 60
10 할아버지 나이가 궁금해 ... 30	**알고 나면 재밌는 추리 이야기**
11 동물 우리 만들기 ... 32	탐정과 프로파일러 ... 62
12 친구와 수다 떨기 ... 34	
알고 나면 재밌는 수학 이야기	**24** 동전의 비밀 ... 64
가우스 계산법 ... 36	**25** 모래시계로 시간 재기 ... 66

26 코르크 마개 따기 … 68	**37** 토끼와 거북의 경주 … 94
27 크리스마스 쿠키 만들기 … 70	**38** 가벼운 귤 골라내기 … 96
28 재치 있는 성냥개비 게임 … 72	**39** 아기의 몸무게 … 98
29 검은 콩 여섯 되 … 74	**40** 마지막 수요일 … 100
30 과녁 맞히기 … 76	**41** 오륜기 한붓그리기 … 102

알고 나면 재밌는 수학 이야기
흥미롭고 지혜로운 나눗셈 … 78

42 돌림판의 숫자 … 104

알고 나면 재밌는 뇌 이야기
좌뇌와 우뇌 … 106

31 몇 층에 누가 살까? … 80	**43** 숫자를 쓰는 규칙 … 108
32 암호놀이 하자 … 82	**44** 아기 돼지 사 형제 … 110
33 무당벌레 찾기 … 84	**45** 따라쟁이 혼내 주기 … 112
34 사다리로 햄버거 먹기 … 86	**46** 멋진 반려동물 … 114
35 엄지 공주를 구하라 … 88	
36 방 줄이기 … 90	정답과 해설 … 116

알고 나면 재밌는 수학 이야기
벌집이 육각형인 까닭 … 92

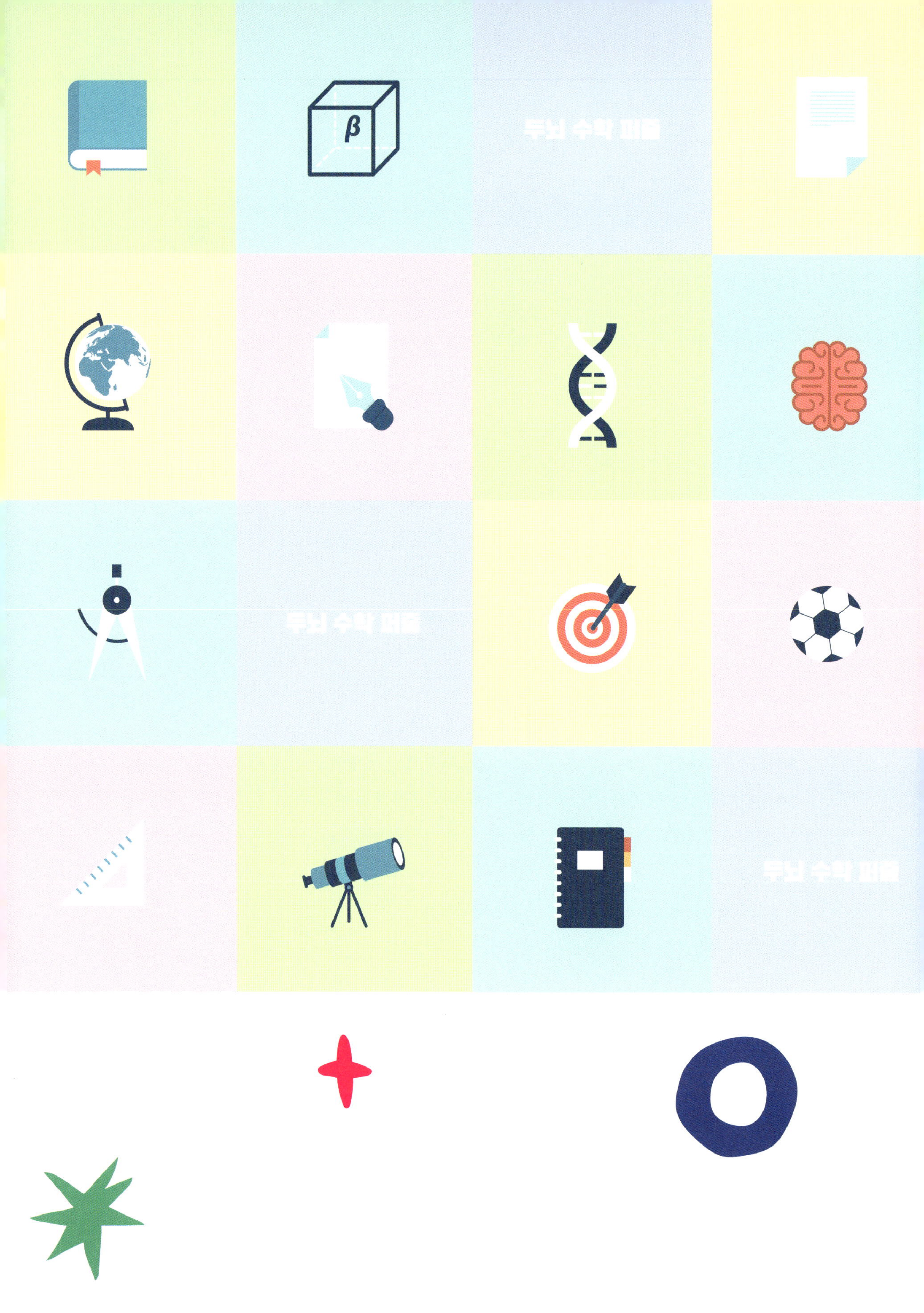

두뇌 수학 퍼즐

두뇌 수학 퍼즐

두뇌 수학 퍼즐

신비한 성냥개비 숫자

성냥개비로 재미 있는 게임을 해 볼게요.
어? 덧셈과 뺄셈이 잘못되었네요.
어떻게 하면 맞는 식이 될까요?
단, 성냥개비 딱 하나만 움직여야 해요.
식이 성립되도록 성냥개비의 위치를 옮겨 보세요!

5 + 6 = 9

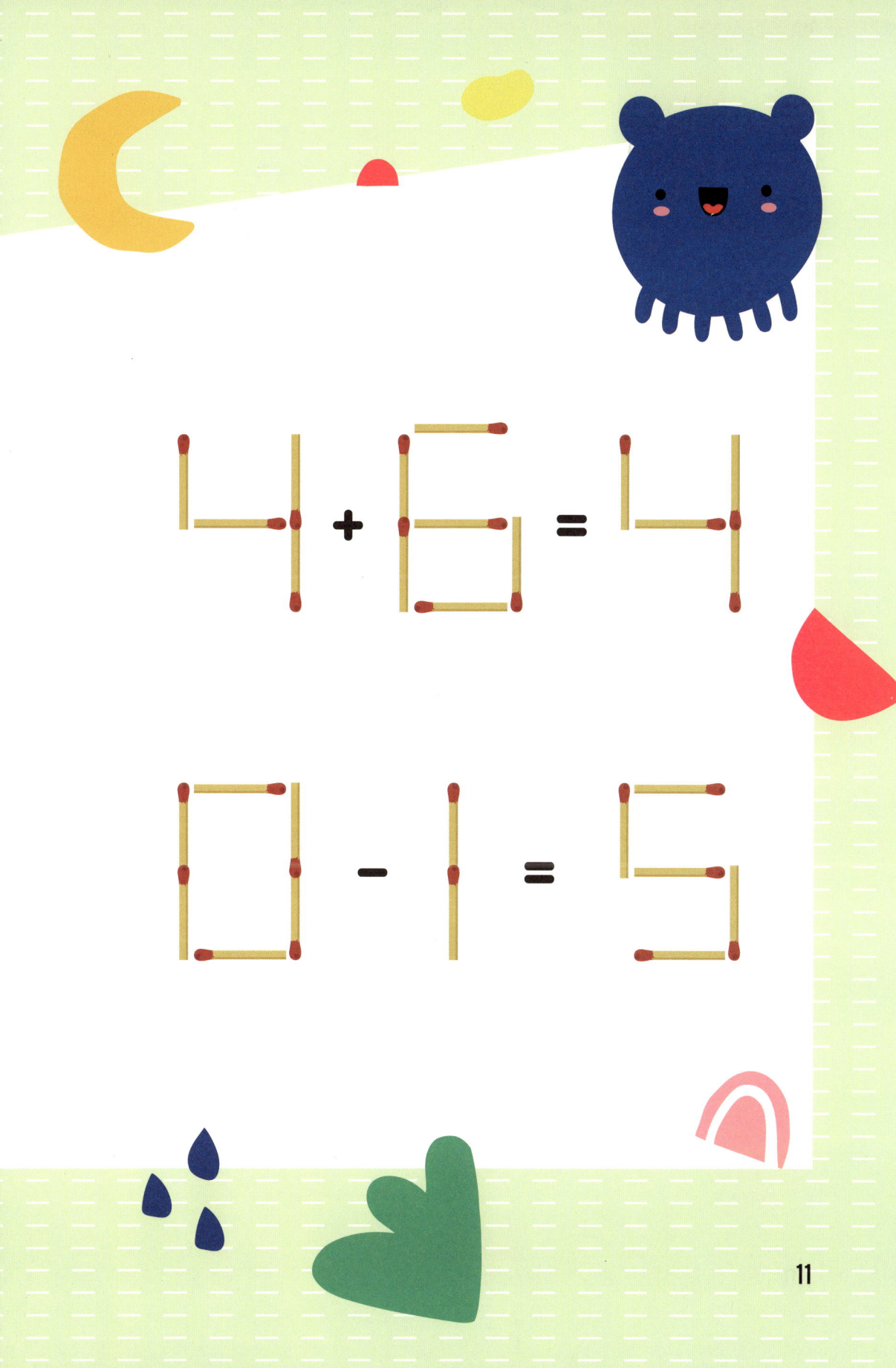

그림으로 알아보는 글자

창밖에 흰 눈이 펄펄 내렸어요.
"와, 눈이다!"
화실에서 그림을 그리던 민희와 보미는
눈을 보자 마음이 싱숭생숭했어요.
"우리 그림 글자 놀이해서 지는 사람이 떡볶이 사오기 할까?"
보미가 눈을 반짝이며 말하자, 민희가 스케치북을 펼쳤어요.
"좋아! 내가 먼저 그릴게."
민희는 먼저 그림을 그렸어요.

보미가 피식 웃었어요.

"이걸 누가 모르겠어? 달팽이지."

"이제 네가 그려 봐."

보미는 잠시 생각하다 스케치북을 펼쳐 그림을 그렸어요.

보미는 무슨 단어를 그린 걸까요?

있다 없다 퀴즈 1

준호가 신나게 컴퓨터 게임을 하고 있어요.
괴물에게 납치당한 고양이를 구하는 게임인데,
괴물이 내는 세 가지 문제를 맞혀야
무사히 고양이를 구할 수 있대요.
두 가지 문제를 맞혀서 두 관문을 넘었고,
마지막 문제를 남겨 두고 있지요.
마지막 관문에 들어서자,
험상궂은 괴물이 커다란 도깨비방망이를
흔들흔들 흔들면서 겁을 주네요.
보기만 해도 끔찍해요.
문제판을 누르자, 드디어 문제가 떠올랐어요.

다음 힌트를 보고 공통으로 들어갈 낱말을 맞혀 보세요.
힌트는 두 글자라는 것!

❶ 소에는 있고, 돼지에게는 없어요.
❷ 은행에는 있고, 백화점에는 없어요.
❸ 배에도 있고 등에도 있는데, 어깨에는 없어요.
❹ 단풍에는 있고, 소풍에는 없어요.
❺ 뽕에는 있고, 뺑에는 없어요.

04 교차하지 않고 나가기

담장을 둘러친 네모난 마을 안에 세 집이 모여 살아요.
A는 영호네 집, B는 유나네 집, C는 승민이네 집이지요.
그런데 세 친구가 공차기를 하다가
서로 다투는 바람에 사이가 틀어졌어요.
"쳇, 앞으로 마을을 나갈 때 서로 교차해서 다니지 않기로 해."
유나가 뾰로통해서 말했지요.
그러자 영호가 입을 내밀며 말했어요.
"누구는 좋아서 그러는 줄 알아?
서로 다니는 문이 다른데 어떻게 교차하지 않겠어?"
"방법이 있다고! 그러니까 그런 줄 알아!"
유나는 자기 집으로 들어가 버렸어요.
영호와 승민이는 고민이었어요.

마을 밖으로 나갈 때 각각 자기의 출입문(A-a, B-b, C-c)을 이용하면서도 서로 교차하지 않으려면 어떻게 나가야 할까요?

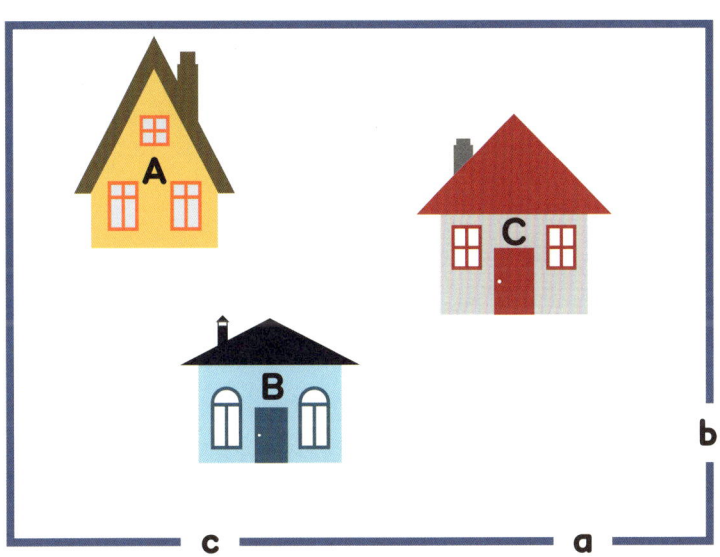

05 반지 도둑

미나네 아빠는 보석을 파는 가게 주인이에요.
어느 날 미나네 보석 가게에
모자를 쓰고 마스크를 한 손님이 들어왔어요.
"어서 오세요. 뭘 찾으십니까?"
손님은 진열장에 늘어놓은 여러 가지 보석을 구경했어요.

루비가 박힌 반지, 다이아몬드를 장식한 목걸이 등등…….
손님은 그중 백금이 박힌 금반지를 손가락으로 가리켰어요.
"이건 값이 얼마인가요?"
"네, 그 반지는 45만원입니다."
손님은 지갑에서 100만 원짜리 수표를 꺼냈어요.
거스름돈이 없던 미나네 아빠는 옆 가게에 가서
수표를 건네주고 현금 100만원을 바꾸어 왔지요.
그리고 손님에게 거스름돈으로 55만 원을 내줬어요.
그런데 나중에 수표가 가짜라는 게 밝혀져
미나네 아빠는 옆집에 100만원을 물어줬어요.
과연 미나네 아빠는 얼마의 손해를 본 걸까요?

컵 이동하기

나윤이 언니 서윤이는 커피숍에서 아르바이트를 해요.
"아이고, 눈코 뜰 새 없네."
한창 바쁜 점심 시간이 지나고
손님이 뜸해지자,
서윤이는 갑자기 심심해졌어요.
그때 테이블에 음료가 든 컵과 빈 컵이 아래와 같이
놓여 있었어요.

서윤이는 문득 궁금했어요.

"컵의 배열을 바꾸려면 어떻게 하면 될까?"

서윤이는 컵의 배열을 아래와 같이 바꾸고 싶었어요.

단, 컵을 하나만 사용해서 말이죠.

컵 하나를 이용해 위와 같은 배열로 만들려면

어떻게 하면 될까요?

알고 나면 재밌는 수학 이야기

마법 같은 퍼즐 게임, 마방진

마방진이라는 퍼즐 게임을 들어 본 적이 있나요?
마방진에서 '마'는 마법, '방'은 사각형, '진'은 줄을 지어 늘어선다는 뜻이에요. '마법 같은 정사각형 숫자 배열'이라는 뜻이지요. 정사각형 모양으로 숫자를 배열해 가로, 세로, 대각선의 합이 같도록 만든 것이 바로 마방진이랍니다. 단, 숫자를 중복하거나 빠뜨리지 않아야 해요.
아래에 가로 세 칸, 세로 세 칸으로 만든 3×3 마방진이 있어요.

4	9	2
3	5	7
8	1	6

이와 같은 3×3 마방진은 1부터 9까지의 숫자를 중복하지 않고 모두 사용해 가로, 세로, 대각선 어느쪽으로 합해도 15가 되도록 배열해 놓은 것이지요.

마방진은 누가 처음 만들었는지 알 수 없지만, 수천 년 동안 사람들의 호기심을 불러일으켜 왔어요.

최초의 마방진은 중국 하나라를 세운 우왕과 관련이 있어요. 당시에 '낙수'라는 강의 범람을 막기 위해 제방 공사를 했는데, 그곳에서 등에 어떤 무늬가 새겨진 거북이 발견되었어요. 이 거북의 등에는 공사법을 알려 주는 그림이 새겨져 있었죠. 거북의 등에 새겨진 45개 점의 배치도가 마방진의 시작이었다고 해요.

마방진은 사고력과 집중력을 키워 주는 숫자를 이용한 퍼즐 게임으로 지금은 많은 사람들이 즐기고 있어요.

07 자물쇠 열기

수업 시간을 알리는 음악이 울렸어요.
우당탕탕 뛰며 놀던 아이들은 저마다 수업 준비를 하느라
허둥거렸어요.
동주도 수업 준비를 하려고 사물함 앞으로 갔어요.
그런데 갑자기 사물함 비밀 번호가 생각나지 않았어요.
"뭐였더라……? 어쩌지, 비밀 번호가 생각이 안 나!"
동주는 수학을 잘하는 상우에게 달려갔어요.
"상우야, 나 좀 도와줘. 사물함 비밀 번호를 잊어버렸어."
상우가 어이없다는 듯 말했어요.
"네가 내게 가르쳐 준 적도 없는데,
내가 비밀 번호를 어떻게 알아?"
"그게 아니고, 0과 1만 들어가는 세 자리 수인
것은 분명하니까, 넌 알 수 있을 거야."

상우는 머리를 갸웃하더니 말했어요.
"그럼 몇 번만 해 보면 알겠네."

상우는 0과 1이 들어가는 세 자리 수인
사물함의 비밀 번호를 몇 번 만에 알아낼 수 있을까요?

08 과일 순서대로 세우기

아빠가 멜론과 오렌지, 바나나, 파인애플, 토마토를 사 왔어요.
과일을 좋아하는 미주는 신이 났어요.
"아빠, 최고예요!"
미주가 오렌지를 집어 들고 껍질을 까려고 하자,
아빠가 손을 들며 '잠깐!' 하고 외쳤어요.
"그냥 먹으면 재미없으니까,
퀴즈를 맞히면 먹기로 하자!"
미주는 퀴즈 풀기라면 자신이 있었어요.
"좋아요! 문제를 주세요."
그러자 아빠가 문제를 냈어요.
"알파벳 문자에 a=1, b=2, c=3…… z=26으로
순서대로 점수를 매겼을 때 여기 있는 과일의 영어 단어
총 점수가 높은 것부터 차례대로 늘어놓는 문제야."
미주는 잠깐 계산을 하더니 손뼉을 쳤어요.

"아, 알겠어요. 예를 들어 apple은
1+16+16+12+5=50점이 되는 거죠?"
"역시 우리 미주가 똑똑하구나."
미주는 곧 과일의 이름을 영어로 쓰고 총 점수가
얼마인지 계산했어요.

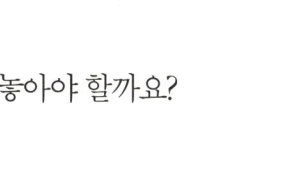

❶ melon　❷ orange　❸ banana
❹ pineapple　❺ tomato

과연 과일을 어떤 순서대로 늘어놓아야 할까요?

삼촌과 부등호 게임

삼촌이 세영이에게 물었어요.
"세영아, 부등호 게임이라고 해 봤니?"
"고등어 게임이요?"
"하하, 고등어가 아니라 부등호 게임!"
"아뇨, 안 해 봤는데요."
"각 네모 안에 1, 2, 3, 4, 5의 각 숫자를 써 넣어
부등호가 성립되도록 빈칸을 모두 채우는 게임이야."
"아, 마방진 같은 거구나!"
"그래, 맞아! 단, 가로, 세로 각 칸에
각 숫자가 한 번씩만 나오게 해야 해."
"알아요! 숫자 넣기라면 자신 있어요!"
"오호, 10분 안에 풀면 삼촌이 아이스크림 사 주지."
"좋아요! 자, 그럼 시작할게요."

10 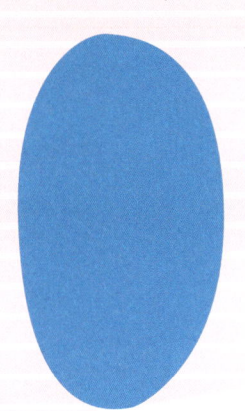 할아버지 나이가 궁금해

준수와 민수가 시골 할아버지 집에 놀러 갔어요.

"할아버지!"

"아이고, 귀여운 우리 강아지, 어서 오너라!"

할아버지가 준수와 민수를 안으며 반겼어요.

"그새 몰라보게 컸구나. 준수가 몇 살이고, 민수가 몇 살이지?"

"저는 11살이고, 민수는 9살이에요."

준수가 손을 펴 보이며 대답했어요.

그러자 민수가 물었어요.

"그럼 할아버지는 몇 살이에요?"

"허허, 내 나이? 할아버지가 힌트를 줄 테니까 너희가 맞혀 보렴.

할아버지 나이는 70보다는 많고 90보다는 적단다.

할아버지는 자식을 많이 낳았는데,

그 자식들이 또 할아버지만큼 아이들을 많이 낳았지.
할아버지 자식들하고 손주들을 합한 수에
20을 더하면 할아버지 나이가 된단다.
자, 이제 내 나이가 얼마인지 맞혀 보렴."
준수와 민수는 서로 얼굴을 쳐다보았어요.
할아버지 나이는 몇 살일까요?

11 동물 우리 만들기

네모난 동물원 우리 안에 여러 동물이 모여 있어요.
토끼, 원숭이, 판다, 여우, 캥거루, 사슴, 노루, 산양, 족제비,
모두 아홉 마리였어요.
동물들은 서로 잘 어울려 놀다가도
먹이를 주기만 하면 서로 먼저 차지하려고
싸우고 으르렁거리며 말썽을 일으켰어요.
약한 동물들은 아무것도 먹지 못했지요.
그래서 사육사 아저씨들이 우리를 따로 만들어 주기로 했어요.
"그럼 네모난 우리를 아홉 개를 만들어야 하나?"
그러자 한 아저씨가 곰곰 생각하다가 말했어요.
"네모난 우리를 두 개만 만들면 되겠는걸?"
"뭐라고? 우리 두 개로 어떻게 아홉 마리를 떼어 놓는다는 거야?"
과연 사육사 아저씨는 어떻게 생각한 걸까요?

네모난 우리 두 개로 동물들에게 각각 방을 만들어 주는 방법을
생각해 보세요.

12 친구와 수다 떨기

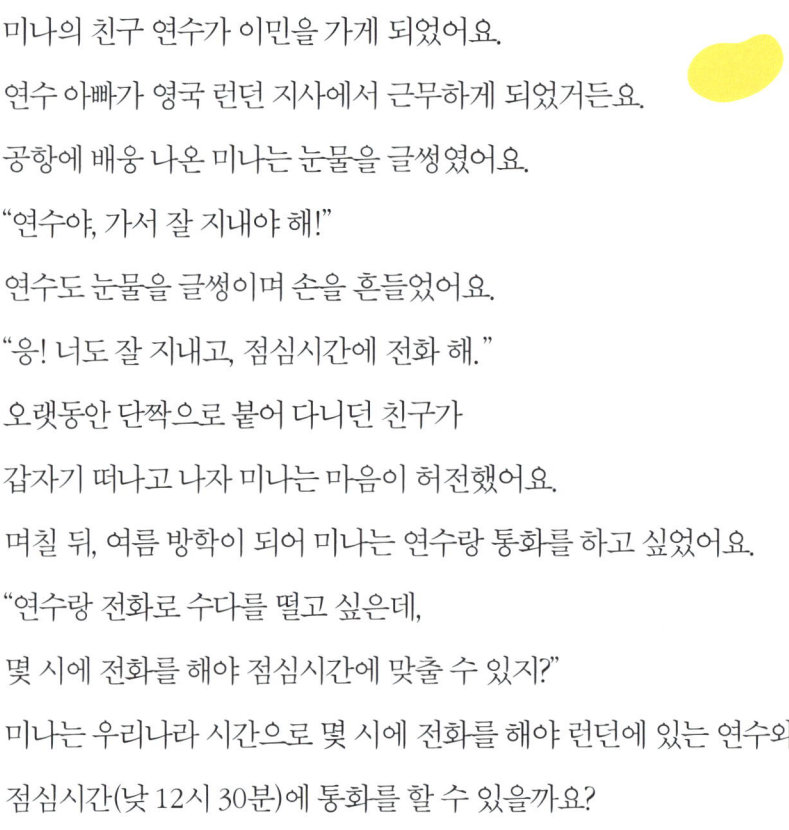

미나의 친구 연수가 이민을 가게 되었어요.

연수 아빠가 영국 런던 지사에서 근무하게 되었거든요.

공항에 배웅 나온 미나는 눈물을 글썽였어요.

"연수야, 가서 잘 지내야 해!"

연수도 눈물을 글썽이며 손을 흔들었어요.

"응! 너도 잘 지내고, 점심시간에 전화 해."

오랫동안 단짝으로 붙어 다니던 친구가

갑자기 떠나고 나자 미나는 마음이 허전했어요.

며칠 뒤, 여름 방학이 되어 미나는 연수랑 통화를 하고 싶었어요.

"연수랑 전화로 수다를 떨고 싶은데,

몇 시에 전화를 해야 점심시간에 맞출 수 있지?"

미나는 우리나라 시간으로 몇 시에 전화를 해야 런던에 있는 연수와

점심시간(낮 12시 30분)에 통화를 할 수 있을까요?

참고로, 우리나라 서울과 영국 런던의 시차는 9시간이에요.
하지만 여름에는 영국이 서머 타임을 적용해
시차가 1시간 더 줄어든답니다!
서머 타임은 여름에 긴 낮 시간을 효과적으로 이용하기 위해
표준 시간보다 시각을 앞당기는 것이에요.

# 알고 나면 재밌는 수학 이야기

가우스 계산법

"나는 말하는 것보다 계산하는 것을 더 먼저 배웠어요."
독일의 천재 수학자 카를 프리드리히 가우스가 한 말이에요. 가우스는 아르키메데스, 아이작 뉴턴과 함께 세계 3대 수학자 중 한 명으로 꼽힐 만큼 뛰어난 수학자예요.

가우스에 관한 유명한 일화가 있어요.
독일의 어느 초등학교 1학년 교실에서 선생님이 칠판에 문제를 냈어요. 1부터 100까지 수를 모두 더하면 합이 얼마인지 묻는 문제였어요. 선생님은 아이들이 이것을 계산하려면 시간이 오래 걸릴 거라 생각하고 의자에 앉아 쉬려 했어요. 그때 한 학생이 손을 들고 말했어요.
"선생님, 답은 5,050입니다."
선생님은 깜짝 놀랐어요. 순식간에 정답을 맞혔으니 놀랄 만도 했지요. 선생님이 고개를 갸웃하며 이 문제를 풀어 본 적이 있느냐고 물었어요. 그러자 아이는 처음 본 문제라고 하면서 풀이법을 설명했어요.

"1부터 100까지의 숫자 중 처음 숫자인 1과 마지막 숫자인 100의 합은 101이에요. 두 번째 숫자인 2와 마지막 전의 숫자인 99의 합도 101이지요. 세 번째 숫자도 마찬가지예요. 이런 식으로 더하면 101이 모두 50번 나오니까, 1부터 100까지 숫자의 합은 101×50=5,050이 되지요."

이 학생이 바로 가우스였어요. 가우스의 창의적인 사고력을 엿볼 수 있는 대목이지요. 그 뒤부터, 가운데 숫자를 중심으로 둘로 나누어 규칙적으로 나열된 숫자를 계산하는 방법을 '가우스 계산법'이라고 부르게 되었답니다.

13 동물원 현장 체험 학습

나윤이네 반 아이들이 오늘 동물원에 현장 체험 학습을 갔어요.

아이들은 먼저 호랑이와 사자, 표범 같은

고양잇과 동물들을 구경한 다음

사슴과 타조 같은 초식 동물들이 있는 우리로 갔지요.

"와, 타조 다리가 엄청 길어."

나윤이가 놀라자, 성호가 알은체를 했어요.

"타조는 다리가 길어서 시속 90킬로미터의 속력으로 달릴 수 있대."

"우아, 그렇게나 빨라?"

"그럼. 자동차와 경주해도 뒤처지지 않을 거야."

"굉장한걸!"

나윤이가 놀란 토끼처럼 눈을 동그랗게 떴지요.

다른 동물을 보기 위해 걸어가면서 성호가 물었어요.

"나윤아, 조금 전에 본 사슴과 타조가 몇 마리였는지 알아?"

"몇 마리인지 세어 보지 않았는데?"

"내가 힌트를 줄 테니까 몇 마리인지 맞혀 봐.
사슴과 타조를 합하면 29마리이고,
다리의 수를 합하면 모두 88개야.
그렇다면 사슴과 타조는 각각 몇 마리였을까?"
나윤이는 머리가 복잡했어요.
과연 사슴과 타조는 각각 몇 마리였을까요?

14 마법의 정사각형

강호가 삼촌과 함께 게임을 하고 있었어요.
"삼촌이 마방진 문제를 낼 테니 맞혀 볼래?"
"마방진이요?"
"마방진이란 사각형에 숫자를 배열해 가로, 세로,
대각선 숫자의 합이 모두 같게 만든 거야.
정사각형에 1부터 차례로 숫자를 적어 넣는 것이지.
다만 숫자를 중복해서 쓰거나 빠뜨리면 안 되고,
가로, 세로, 대각선에 있는 수들의 합이
모두 같도록 해야 해."
삼촌이 설명하고 나서 말을 덧붙였어요.
"여기 보이는 칸에 1~16의 수를 넣어 가로의 합, 세로의 합,
가운데 숫자 4개의 합, 모서리 숫자 4개의 합,
대각선의 합이 모두 34가 되도록 하면 돼."

"음, 좋아요!"

"잘 생각하면 금방 알 수 있어. 자, 시작!"

	15		4
12		7	
		16	5
13			

15 달리기 시합

체육 시간에 남자아이 7명이 100미터 달리기 시합을 했어요.
'출발!' 신호가 떨어지자 7명의 아이들이
힘껏 골인 지점을 향해 달렸어요.
"승민이 이겨라!"
"진우야, 힘내!"
반 아이들이 열심히 달리는 친구들을 응원했어요.
7명의 아이들이 드디어 골인 지점으로 들어왔어요.
들어온 순서는 다음과 같아요.

**영규는 진우 바로 앞에서 골인 지점을 통과했고,
승민이는 동준이 다음으로 골인했는데 민수보다는 빨랐어요.
준호는 민수 다음 다음으로 골인했지요.
영규는 병주 다음 다음으로 골인했는데,
나중에 보니 병주는 4등을 차지했어요.**

7명이 이렇게 모두 골인 지점으로 들어왔을 때, 누가 몇 등을 차지했는지 다음 물음에 답해 보세요.

❶ 제일 먼저 골인한 친구는 누구인가요?

❷ 세 번째로 골인한 친구는 누구인가요?

❸ 다섯 번째로 골인한 친구는 누구인가요?

❹ 마지막에 골인 지점을 통과한 친구는 누구인가요?

16 그림으로 알아보는 속담

유나와 민희가 교실에서 그림을 그리며 놀고 있었어요.

유나가 그림을 그리다 싫증이 난 듯 말했어요.

"그림이 마음에 안 들어. 더 그리기가 싫어."

그러자 민희가 제안했어요.

"그럼 우리 그림으로 속담 알아맞히기 놀이 할까?"

"속담 알아맞히기? 그림으로?"

"응! 그림을 그려 놓고 무슨 속담인지 알아맞히는 게임이야."

"그래, 재밌겠다!"

"좋아. 나도 그릴 테니까 너도 그려 봐.
어떤 속담을 그린 건지 서로 알아맞혀 보자."

두 친구는 아래와 같이 그림을 그렸어요.

유나의 그림

민희의 그림

17 개와 닭과 쌀

김씨 아저씨가 오랜만에 아침 일찍 시장에 물건을 사러 갔어요.
시장에는 사람도 많고, 먹을 것, 입을 것,
여러 가지 신기한 물건 등 없는 것이 없었지요.
김씨 아저씨는 여기 기웃 저기 기웃 구경하고 나서
암탉 한 마리와 개 한 마리, 쌀 한 포대를 샀어요.
그러고 났더니 어느덧 해가 중천에 떠올랐어요.
집으로 돌아가려고 김씨 아저씨가 계곡 앞까지 왔어요.
나무다리를 건너야 하는데, 가만 보니 문제가 있었어요.
다리가 너무 낡아서 닭이나 개, 쌀을 한 가지만 들고
건널 수밖에 없었는데,
개를 먼저 들고 건너자니 닭이 쌀을 먹어 치울 테고,
쌀을 먼저 들고 건너자니 개가 닭을 물어 죽일 것 같았지요.
그래서 닭을 먼저 들고 다리를 건너 내려놓고 돌아와서
쌀이나 개를 들고 다리를 건너야 하는데,

그러면 다리 건너편에서 또 문제가 생길 게 뻔했지요.
김씨 아저씨는 어떻게 해야 개와 닭과 쌀을 들고
다리를 건너 무사히 집으로 갈 수 있을까요?

18 연못 두 배로 넓히기

옛날 어느 마을에 선비가 살았어요.
선비의 집에는 자그마한 연못이 있었어요.
네 귀퉁이에 아름드리 소나무가 자리하고,
연꽃이 아름답게 핀 정사각형 연못이었지요.
"오, 연못에 물고기들이 즐겁게 노는구나."
선비는 연못을 바라보며 고개를 끄덕였어요.
그런데 한 가지 못마땅한 게 있었어요.
바로 연못의 크기였지요.
"연못 크기가 정사각형으로 두 배만 되면 좋을 텐데."
하지만 네 귀퉁이에 오래된 멋진 소나무가 자리하고 있어서
연못을 넓힐 엄두를 못 냈어요.
그 소문을 듣고 수학자가 찾아왔어요.
"제가 소나무를 그대로 두고 정사각형으로
연못 크기를 두 배로 늘려 드리겠습니다."

"그게 정말이오? 그렇게만 해 준다면 내가 크게 사례하리다."

과연 수학자는 소나무를 그대로 두고
어떻게 연못 넓이를 두 배로 늘리겠다는 걸까요?
방법을 찾아 그려 보세요.

알고 나면 재밌는 수학 이야기

사건 해결의 일등 공신, 엑스레이

1895년, 독일 물리학자 뢴트겐은 물체의 내부를 통과하는 힘이 강한 특별한 광선을 발견했어요. 뢴트겐은 이 광선에 알파벳 엑스(X)를 붙여 엑스레이, 곧 엑스선이라고 불렀어요.

엑스선은 병원에서 많이 사용해요. 뼈가 부러졌을 때 엑스선으로 촬영하면 부러진 곳을 알 수 있어요. 시티(CT) 촬영도 엑스선을 이용한 거예요. 엑스선은 대상물의 내부에 흠이 있는지 없는지 알 수 있기 때문에 금속 재료의 내부 검사, 오래된 미술품이 진짜인지를 가리는 데도 쓰여요. 또 공항에서 보안 검색을 하는 데도 쓰이지요.

엑스선을 사용해 해결한 사건 한 가지를 소개할게요.
2015년 9월, 태국 방콕에서 보석 전시회가 열렸어요. 그런데 전시 중인 보석이 사라지는 사건이 일어났어요. 시시티브이(CCTV)를 살펴본 결과 40대 중국인 여성이 범인으로 밝혀졌고 공항에서 체포되었어요. 하지만 짐을 다 뒤져 봐도 다이아몬드가 나오지 않았어요.

경찰은 그 여자의 몸을 엑스선으로 촬영했어요. 그러자 놀랍게도 위 속에 다이아몬드가 들어 있는 게 확인되었어요. 범인을 잡는 데 엑스선이 일등 공신이 된 거죠.

이처럼 엑스선은 보이지 않는 곳을 들여다보는 데 유용하게 쓰여요. 뢴트겐은 엑스선 기술을 특허를 내서 큰 부자가 될 수 있었지만, 그렇게 하지 않고 기술을 공개해 오늘날 많은 사람들이 저렴하게 널리 사용할 수 있게 되었어요.

19 출렁다리 건너기

종수, 승민이, 영호, 성주가 학교에 놀러 갔어요.
운동장 한쪽에 출렁다리가 설치되어 있었어요.
"우리 출렁다리 건너기 게임 할까?"
행동이 재빠른 종수가 말했어요.
마침 심심하던 아이들은 좋다고 했어요.
먼저, 시험 삼아 출렁다리를 건너 본 결과
종수는 2분, 승민이는 3분이 걸렸고,
주춤거렸던 영호는 7분, 성호는 10분이 걸렸어요.
그때 지나가던 선생님이 아이들에게 제안했어요.
"얘들아, 선생님이 문제를 낼 테니 맞혀 볼래?"
"네!"

"좋아! 너희들이 다리를 건너는 데 지금처럼
시간이 걸린다고 했을 때, 네 사람이 출렁다리를
모두 건너려면 얼마나 걸릴까?
단, 두 사람이 손을 잡고 한꺼번에 건너야 하고,
한 사람이 바통을 들고 다시 돌아와 건네주어야
다음 두 사람이 다리를 건널 수 있어."

"둘이 갔다가 하나가 돌아와야 또 두 사람이
건너갈 수 있는 거네요?"

"그렇지. 이렇게 해서 네 사람이
가장 빨리 건널 수 있는 시간은 얼마일까?"

아이들은 머리를 긁적였어요.

과연 어떻게 해야 가장 짧은 시간에 모두 다리를 건널까요?

있다 없다 퀴즈 2

준호가 오늘도 신나게 컴퓨터 게임을 하고 있어요.
마법사에게 납치당한 공주를 구하는 게임인데,
마법사가 내는 두 가지 문제를 모두 맞혀야
무사히 공주를 구할 수 있지요.
드디어 두 갈래 지하도 입구 앞에서
괴상하게 생긴 마법사가 마법의 지팡이를
휘리릭 휘두르면서 정신을 빼 놓네요.
정신이 아찔하고 으스스한 기운마저 감돌아요.
먼저, 왼쪽 지하도 문제판을 누르자 문제가 떠올랐어요.

다음 힌트를 보고 공통으로 들어갈 낱말을 맞혀 보세요.
힌트는 두 글자라는 것!

❶ 배꼽에는 있고, 눈곱에는 없어요.
❷ 모래에는 있고, 자갈에는 없어요.
❸ 손목에는 있고, 발목에는 없어요.
❹ 해에는 있고, 달에는 없어요.

오른쪽 지하도 문제판을 누르자 또 다른 문제가 떠올랐지요.

다음 힌트를 보고 공통으로 들어갈 낱말을 맞혀 보세요.
힌트는 두 글자라는 것!

❶ 김치에는 있고, 깍두기에는 없어요.
❷ 참치에는 있고, 고래에는 없어요.
❸ 치즈에는 있고, 우유에는 없어요.
❹ 삼각에는 있고, 오각에는 없어요.

21 숫자 탑

세호가 미주와 함께 게임을 하고 있어요.
미주가 옆의 그림을 그렸어요.
"세호야, 이 그림을 잘 봐."
"탑쌓기야? 이 수가 무엇을 뜻하는 거야?"
숫자 탑을 보던 세호가 물었어요.
"각 탑에 들어간 숫자는 서로 연관이 있어.
그 연관성을 찾아서 A와 B에 들어갈 수를
알아맞히는 게임이야."
숫자 탑을 자세히 들여다보던 세호가 손뼉을 쳤어요.
"아, 알았다! 간단하네!"
세호는 계산기를 들고 계산을 하기 시작했어요.

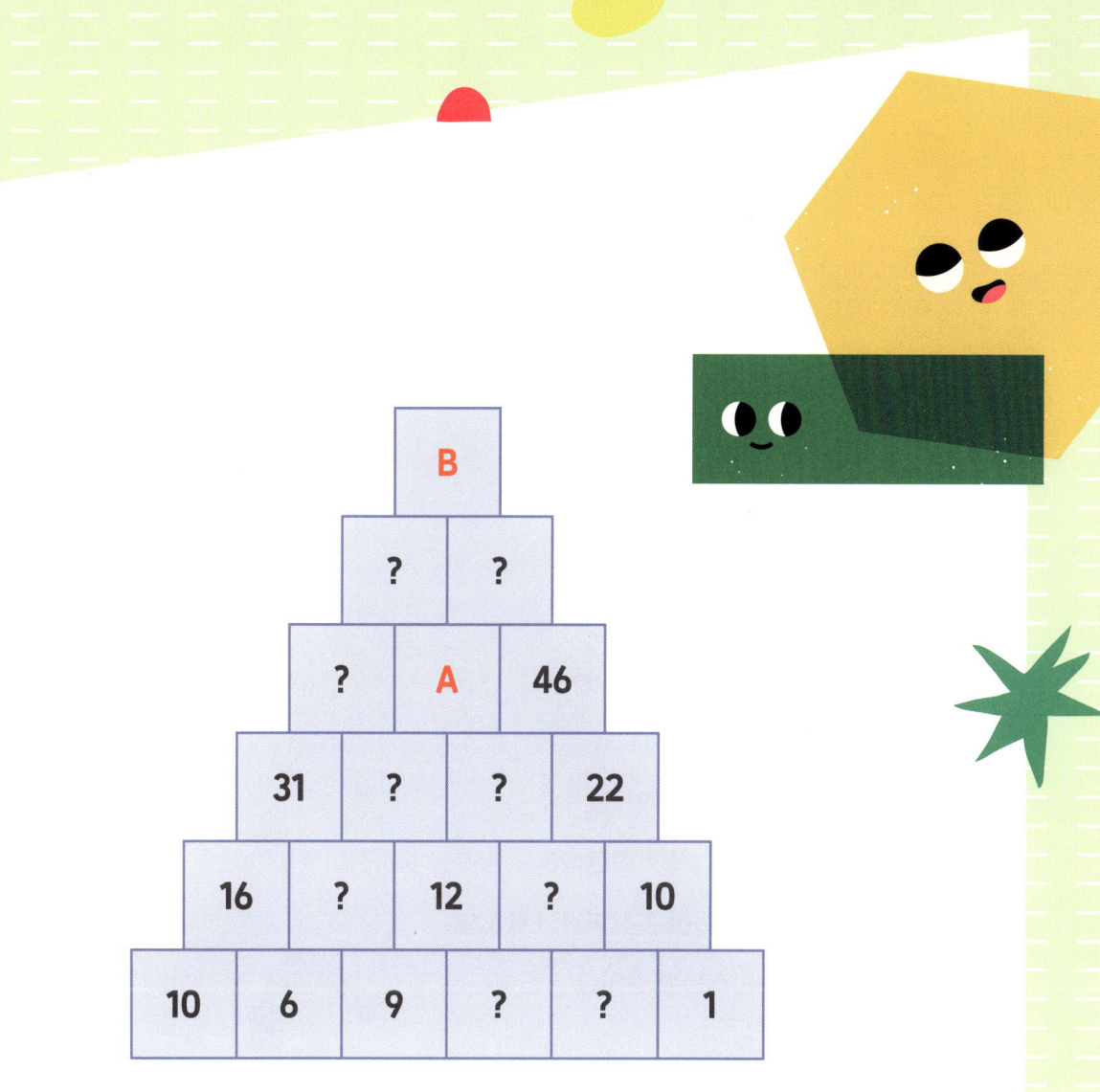

자, A와 B에 들어갈 수를 써 보세요.

22 직업과 취미 짝짓기

다음은 어떤 사람들에 대한 기록이에요.
여기에는 서로 관계가 없는 세 사람이 등장하고,
그 사람의 직업과 취미를 알 수 있는 증언이 있어요.
다음을 읽고 연관성을 잘 따져 보세요.

▶ 한 사람의 이름은 이선우예요.
▶ 그 옆 사람은 자기 이름이 최은성이고 영화를 좋아한다고 했어요.
▶ 셋 중 한 사람은 직업이 만화가라고 했어요.
▶ 한 사람은 운동선수라고 했어요.
▶ 나머지 한 사람은 자기가 박유진이라고 했어요.
▶ 셋 중에는 연극배우도 끼여 있었어요.
▶ 이선우는 연극배우가 아니에요.
▶ 운동선수는 운동을 하지 않을 때 주로 영화 감상을 즐긴다고 했어요.

▶ 만화가는 퍼즐 게임에 관심이 없다고 했어요.

▶ 이선우는 운동을 싫어하니까 운동선수는 아니에요.

▶ 연극을 하는 사람은 등산은 싫다고 했어요.

위에 등장하는 세 사람의 이름과 직업, 취미를 짝지어 보세요.

23 블록 쌓기

보미가 블록을 쌓으며 놀고 있었어요.

빨강, 노랑, 파랑, 초록 블록을 마음 내키는 대로 쌓았지요.

그때 유심히 보던 아빠가 다가와 물었어요.

"보미야, 이 블록을 아래 화살표 방향에서

바라보면 어떻게 보일까?"

"음, 글쎄요……."

보미가 어려워하자 아빠는 네 가지 보기를 주고 골라 보라고 했어요.

보미가 머릿속으로 어떤 모양으로 나타날지

생각해 본 다음 한 가지를 골랐어요.

 알고 나면 재밌는 추리 이야기

탐정과 프로파일러

영국의 작가 아서 코난 도일의 추리 소설의 주인공 셜록 홈즈가 오늘날 살아 있다면 무슨 일을 했을까요? 아마도 프로파일러가 되지 않았을까요? 미궁에 빠진 엄청난 사건을 멋지게 해결하는 셜록 홈즈의 모습을 볼 수 있다면 무척 시원할 거예요.

요즘에 영화나 드라마를 보다 보면 사건을 해결하는 프로파일러가 등장하는 모습을 자주 볼 수 있어요. 프로파일러는 사건 현장에 남은 증거와 범행 유형을 과학적으로 분석해 범인의 습관, 나이, 성격, 직업, 범행 수법 등을 알아낸 뒤, 이를 바탕으로 범인을 찾아내는 직업이지요. 예전의 탐정처럼 말이에요.
프로파일링의 기법은 여러 가지가 있어요.
예를 들어 전화나 편지 등에서 범인이 남긴 메시지를 분석한다고 해 봐요. 특정한 지역의 사투리를 썼다면 그 지역에서 살았거나 살고 있을 가능성이 많겠지요. 또 특정한 직업에서 쓰는 용어를 사용했다면 그와

관련된 직업을 가졌거나 관련이 있는 일을 했을 수도 있어요.

또 행동을 분석해 정보를 얻기도 해요. 예를 들어 범행 시각이 특정한 시간대에 집중되어 있다면, 이를 바탕으로 범인의 직업이나 나이를 파악할 수도 있어요. 또 어떤 지역에서 주로 활동하면서 이렇다 할 흔적을 남기지 않았다면 사는 곳이 그곳에서 가까워 주변 환경을 속속들이 알고 있을 가능성이 높지요.

이처럼 프로파일러들은 현장이나 증거를 세밀하고 과학적으로 분석해 사건을 해결하는 데 큰 도움을 준답니다.

24 동전의 비밀

날씨가 제법 쌀쌀한 가을날이었어요.

준수와 민수 형제는 아빠와 함께 캠핑을 갔어요.

온 산에 단풍이 들어 울긋불긋 아름다웠지요.

하지만 준수와 민수는 심심했어요.

"뭐, 재미있는 게 없을까?"

"얘들아, 아빠가 멋진 마술을 보여 줄까?"

"마술요? 좋아요!"

아빠는 앞에 동전 7개를 깔아놓고 말했어요.

"아빠가 눈가리개를 하면 동전 하나를 손에 꼭 쥐어라.

그리고 조금 뒤에 아빠가 내려놓으라면 제 위치에 놓으면 돼.

그럼 아빠가 어느 동전을 들었다 놓았는지 알아맞혀 보마."

아빠는 아이들이 어느 동전을 집는지 보지 않도록 뒤돌아섰어요.

그러자 민수가 동전 하나를 소리 없이 집어 손바닥에 쥐었지요.

"자, 손바닥에 꼭 쥐었지?"

"네!"

조금 뒤 아빠가 동전을 내려놓으라고 했어요.

민수가 다시 소리 나지 않게 동전을 내려놓았어요.

아빠는 돌아서서 주문을 외며 동전을 손으로 한 번씩 집어 보더니, 그중 하나를 집어 들었어요.

"이 동전이로구나!"

준수와 민수는 깜짝 놀랐어요.

바로 민수가 집었던 동전이었거든요.

과연 아빠는 어떻게 알았을까요?

25 모래시계로 시간 재기

"선생님이 잠깐 밖에 나갔다 올 테니까
물을 정확하게 7분만 끓여다오."
선생님이 실험실 밖으로 나가면서 다영이에게 부탁했어요.
"네, 알겠습니다!"
다영이는 대답을 하고 나서 시간을 재려고 스마트폰을 찾았어요.
그런데 그날따라 스마트폰을 교실에 두고 왔지 뭐예요.
"아, 어쩌지? 선생님께서 정확하게 7분만 끓이라 하셨는데……."
실험실 벽을 둘러보았지만 시계는 보이지 않았어요.
시계라고는 3분짜리와 5분짜리 모래시계뿐이었지요.
다영이는 모래시계를 들고 잠깐 생각하더니 손뼉을 쳤어요.
"아, 그러면 되겠구나!"

다영이는 알코올램프에 불을 켜는 동시에
모래시계를 세워 시간을 쟀어요.
다영이는 3분짜리와 5분짜리 모래시계로
어떻게 7분을 재려는 걸까요?

26 코르크 마개 따기

미주랑 서주가 한강 고수부지에 나들이를 갔어요.
"내가 김밥 싸 왔으니까 맛있게 먹자."
"좋아! 나는 과일과 음료수를 싸 왔거든."
두 친구는 강이 내려다보이는 곳에 돗자리를 깔고
싸 온 음식을 펼쳐 놓았어요.
그런데 이게 웬일이죠?
음료수를 담아 온 병의 코르크 마개가 부서져
살짝 안으로 들어갔지 뭐예요.
송곳이나 코르크 마개를 딸 수 있는 오프너가 없어 서주는 당황했어요.
"아, 어쩌지? 이거 정말 맛있는 음료수인데."

그때 미주가 살며시 웃으며 서주의 등을 툭툭 쳤어요.

"걱정 마! 내가 단번에 해결해 줄게."

미주는 간단히 문제를 해결해 음료수를 따라 마셨답니다.

과연 미주는 어떻게 한 걸까요?

27 크리스마스 쿠키 만들기

"와, 화이트 크리스마스다!"

눈이 펄펄 내려 크리스마스를 축하하고 있었어요.

두영이는 엄마에게 쿠키를 만들자고 졸랐어요.

동생 민아도 좋아라 손뼉을 쳤지요.

엄마 아빠도 화이트 크리스마스라

신이 나서 콧노래로 캐럴을 흥얼거렸어요.

파우더에 달걀을 풀고 버터를 넣고…….

오븐에 넣어 한참을 기다리자,

드디어 크리스마스 쿠키가 완성되었어요.

아빠가 제일 먼저 달려와 맛을 보았어요.

"오, 맛있어!"

두영이도 얼른 하나를 집어 먹었어요.

"우아, 역시 엄마 솜씨가 최고야!"

민아도 감탄했지요.

"달콤하고 부드러워요."

이렇게 해서 엄마 아빠가 12개를 먹고,

두영이가 나머지의 절반을 먹고,

민아가 나머지의 절반을 먹고 4개가 남았어요.

과연 두영이네 가족은 처음에 쿠키를 모두 몇 개나 만들었을까요?

재치 있는 성냥개비 게임

지저분한 쓰레기가 쓰레받기 바깥쪽에 떨어져 있네요.
성냥개비 2개만 움직여 쓰레기를 쓰레받기 안으로 넣어 보세요.

자, 하나 더 풀어 볼까요?

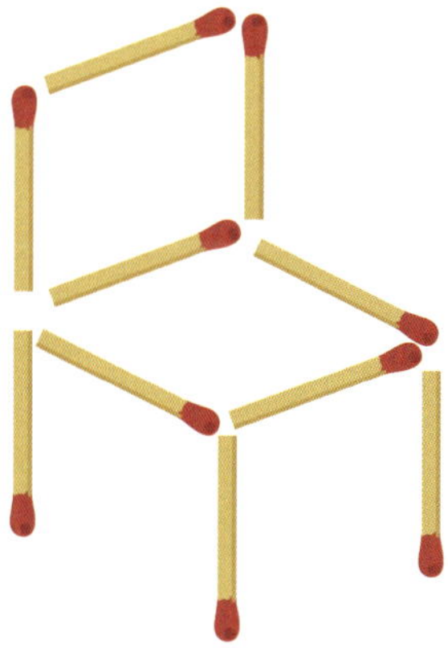

의자의 방향이 오른쪽을 향하고 있어요.

여기서 성냥개비 2개만 움직여 의자의 방향이 왼쪽으로 향하게

만들어 보세요.

해 놓고 보면 감쪽같답니다!

29 검은콩 여섯 되

"토리야, 시장 가자!"

엄마가 시장에 가려고 토리를 불렀어요.

토리는 엄마 손을 잡고 시장 안에 있는 곡물 가게로 갔어요.

엄마가 곡물 가게 주인에게 말했어요.

"검은콩 6되 주세요."

그러자 주인이 당황한 얼굴로 말했어요.

"지금 됫박이 5되짜리와 8되짜리밖에 없어서……."

"그럼 어쩌나. 6되를 잴 방법이 없다는 말이에요?"

"그러게요. 5되를 사시든지 8되를 사시면 안 될까요?"

엄마가 이러지도 저러지도 못하자,

옆에 있던 토리가 나섰어요.

"걱정 마세요! 제가 6되를 만들어 드릴게요."

가게 주인이 눈이 휘둥그레졌어요.

"네가 무슨 수로 6되를 만들겠다는 거냐?"

토리는 대답 대신 먼저 8되짜리 됫박에 검은콩을 담았어요.

그리고 조금 뒤 엄마와 함께 검은콩 6되를 들고 집으로 향했지요.

토리는 어떻게 검은콩 6되를 잰 걸까요?

재는 과정을 순서대로 써 보세요.

과녁 맞히기

영호네 아빠는 활을 쏘는 취미가 있어요.
하루는 영호가 아빠를 따라 활터에 갔어요.
과녁은 멀리 떨어져 있었고, 과녁에 점수가 적혀 있었어요.

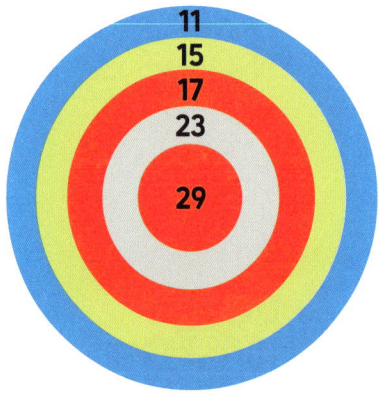

"아빠, 화살을 쏘면 저 멀리까지 날아가요?"
"물론이지. 더 멀리까지 갈 수도 있단다."

그러면서 아빠는 시험 삼아 화살을 한 발 쏘았어요.
화살이 과녁의 한가운데 정확히 꽂혔지요.
"아빠, 명중이에요!"
아빠가 웃으며 영호에게 물었어요.
"영호야, 아빠가 활을 6발을 쏠 텐데,
몇 점짜리를 어떻게 맞혀야 6발 모두 합해
100점이 되는지 알아맞혀 볼래?
6발 모두 과녁에 꽂힌다고 생각하고 말이야."
영호는 알쏭달쏭해 고개를 갸웃거렸어요.
과연 각각 몇 점을 맞혀야 6발 모두 합해서
100점이 될까요?

알고 나면 재밌는 수학 이야기

흥미롭고 지혜로운 나눗셈

옛날 옛적에 소를 키우던 노인이 숨을 거두면서 세 아들에게 유언을 남겼어요.

"아들들아, 내가 그동안 소를 길러 모두 17마리가 됐구나. 그중 절반은 큰아들에게 주고, 1/3은 둘째에게, 1/9은 막내에게 줄 테니, 소를 죽이지 말고 사이좋게 나누어 잘 길러라."

아들들은 장례를 치르고 나서 아버지의 유언대로 소를 나누려 했어요. 그런데 17마리를 유언대로 나누기가 곤란했어요. 맏아들이 절반을 가져야 하니 17÷2=8.5마리가 되므로 소를 잡지 않으면 나눌 수가 없었지요. 소를 나눠 갖고 잘 기르라는 아버지의 유언을 생각하면 차마 소를 잡을 수는 없었어요.

세 아들은 지혜로운 선비를 찾아가 아버지의 유언대로 할 수 있게 해 달라고 부탁했어요. 이야기를 듣고 난 선비는 곰곰 생각하더니 자기 집 소 1마리를 주겠다고 했어요.

"자, 이제 소가 18마리가 되었소. 그중 절반인 9마리는 맏아들, 3분의 1인 6마리는 둘째, 9분의 1인 2마리는 막내가 가지면 됩니다."
그러자 세 형제가 말했어요.
"9마리에 6마리하고 2마리를 더하면 모두 17마리 아닙니까?"
선비가 껄껄 웃으며 말했지요.
"그렇소. 17마리를 나누어 가졌고, 1마리는 원래 내 소였으니 다시 내가 가져가면 됩니다."
"분명히 17마리로는 계산이 안 됐는데, 18마리가 되니 딱 떨어지네?"
세 아들은 물론 고을 사람들도 선비의 지혜에 감탄했어요. 세 아들은 선비에게 감사의 인사를 하고 나서, 아버지의 유언대로 소를 나누어 갖고 서로 의좋게 지냈다고 해요.

몇 층에 누가 살까?

7층짜리 건물의 각 층에 가까운 친구들이 모여 살고 있어요.
수영, 봉주, 강호, 민지, 보미, 준호가 바로 그 친구들이에요.
아래 단서를 잘 읽어보고, 누가 몇 층에 사는지
질문에 답을 해 보세요

▶ 수영이는 봉주보다 2층 위에 살아요.

▶ 1층은 주차장이에요.

▶ 수영이는 강호보다 3층 위에 살아요.

▶ 강호는 민지보다 위에 살고 봉주보다 아래에 살아요.

▶ 보미는 수영이 바로 위에 살아요.

1. 맨 위층에는 누가 살까요?
2. 준호는 몇 층에 사는 걸까요?
3. 맨 아래층에는 누가 살까요?
4. 강호 바로 위에는 누가 살까요?
5. 수영이는 몇 층에 살까요?

암호놀이 하자

준수는 암호 놀이를 좋아해요.
간단히 알려 줘도 될 것을
암호를 만들어 전하고 풀어 보라고 하지요.
영준이는 오늘도 준수가 내준 암호를 푸느라
골머리를 앓았어요.
준수가 낸 문제는 이것이었어요.
"10+8=6   3+11=2   6+7=1
이때 4+12는 얼마일까?"
영준은 오늘 따라 금세 답이 떠올랐어요.
"오, 이건 알 수 있어! 시간을 더한 거잖아.
10시에 8시간을 더하면 18시니까 6시고,
3시에 11시간을 더하면 14시니까 2시가 된 거지.
그러니까 4시에 12시간을 더하면 16시, 바로 4가 되지."

준수가 놀라며 말했어요.
"오호, 잘 풀었는걸."
영준은 어깨를 으쓱하며 말했어요.
"그럼 이번에는 내가 문제를 내겠어.
0은 2를 이기고, 2는 5를 이기고, 5는 0을 이기는
것으로 정해 놓은 규칙이 뭔 줄 알아?"
준수는 눈을 휘둥그레 떴어요.
"도대체 0이 2를 어떻게 이긴단 말이지?"

무당벌레 찾기

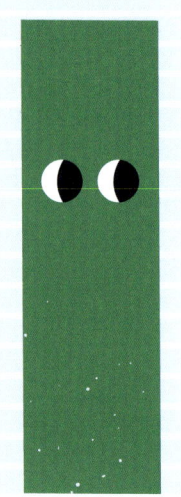

다영이가 시골에 있는 할아버지 댁에 놀러갔어요.

할머니는 먹을 것들을 챙겨 주었지요.

밤과 고구마를 먹고 나서 밖으로 나가 보니

산들산들 바람에 나무들이 흔들리고,

졸졸졸 시냇물이 잘도 흘렀어요.

다영이는 사촌인 유미와 함께 거울을 들고

햇빛을 반사하며 놀았어요.

그때 풀잎에 앉은 무당벌레가 거울 속에 들어왔어요.

"와, 무당벌레다!"

놀란 다영이에게 유미가 물었어요.

"거울에 비친 모습이 위와 같다면 실제로는 어떤 모양일까?"

무당벌레의 진짜 모습을 골라보세요.

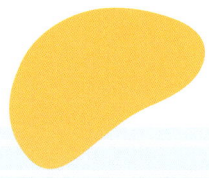

①    ②

③    ④

85

34 사다리로 햄버거 먹기

"아, 배고파!"

엄마도 외출했는데 집에 먹을 없네요.

준수와 민수는 간식을 사 먹기로 했어요.

그때 동생 민수가 물었어요.

"형, 뭐 먹을까?"

"글쎄, 떡볶이? 햄버거? 피자……?

먹고 싶은 게 너무 많아."

"그럼 사다리를 타서 정할까?"

"좋아, 좋아!"

그래서 준수와 민수는 사다리를 그렸어요.

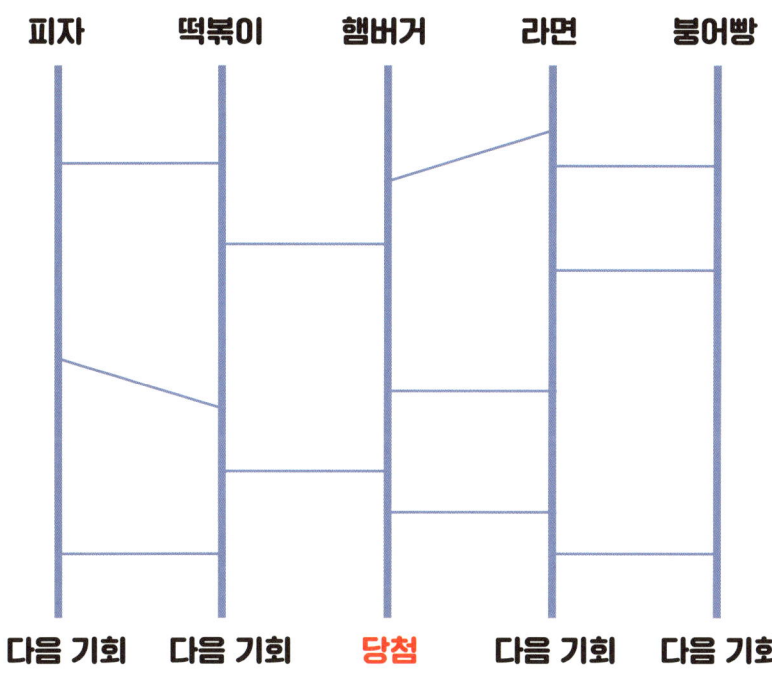

그런데 준수가 사다리를 그리며 생각해 보니
갑자기 햄버거가 먹고 싶었어요.
위 사다리에서 원래대로 하면 햄버거를 다음 기회에 먹을 수밖에 없는데,
어딘가에 사다리 선을 하나 그으면 햄버거가 당첨될 수 있어요.
어떻게 선을 그어야 할까요?
단, 선은 각 품목의 맨 위나 맨 아래가 아닌 곳에 그어야 해요.

35 엄지 공주를 구하라

동주가 컴퓨터 게임을 하고 있어요.
개구리에게 납치당한 '엄지 공주'를 구하는 게임인데,
연못에 들어가려 하자 수영 실력이 부족했어요.
그래서 힘을 충전하려고 문제판을 눌렀어요.
곧 문제가 떠올랐지요.

아래 동그라미 안에 같은 숫자를 넣어 식이 성립되게 하시오.

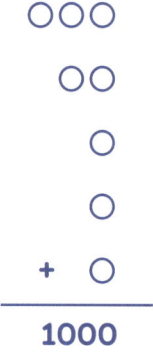

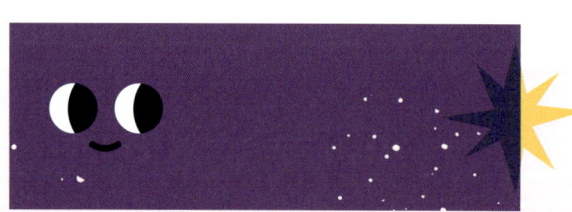

동주가 계산을 하더니 동그라미 안에 8을 써 넣었어요.

그렇게 연못에서 엄지 공주를 구해 내자, 이번에는 풍뎅이가 납치해 갔어요.

동주는 재빨리 구원군을 요청했어요.

그러자 다음 문제를 풀라는 명령이 떨어졌어요.

다음 식을 만족시키는 서로 다른 자연수를 구하시오.

네 수를 모두 더하면 18이 되고,

네 수를 곱하면 360이 되는 수입니다.

□ + □ + □ + □ = 18

□ × □ × □ × □ = 360

동주는 속이 탔어요.

과연 네모에 들어갈 수는 무엇일까요?

36 방 줄이기

민호가 오랜만에 집에 놀러온 이모에게 성냥개비 퍼즐을 하자고 졸랐어요.

"이모, 성냥개비 퍼즐 게임 해요."

"좋아! 지난번에는 이모가 져서 피자를 샀지만 이번엔 다를걸?"

먼저 이모가 문제를 냈어요.

"여기에 6개의 정사각형 성냥개비 방이 있어.

이 중 3개를 줄이고 3개만 남기려고 해.

성냥개비를 최소한 몇 개를 치워야 할까?"

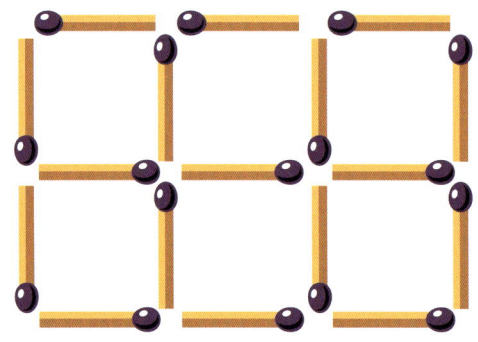

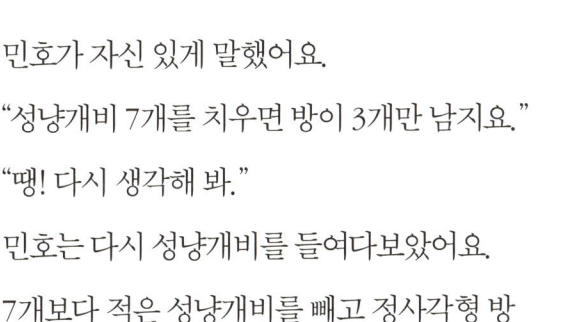

민호가 자신 있게 말했어요.
"성냥개비 7개를 치우면 방이 3개만 남지요."
"땡! 다시 생각해 봐."
민호는 다시 성냥개비를 들여다보았어요.
7개보다 적은 성냥개비를 빼고 정사각형 방
3개만 남기려면 어떻게 해야 할까요?

# 알고 나면 재밌는 수학 이야기

벌집이 육각형인 까닭

봄이 되면 꿀벌들은 향기로운 꽃을 찾아 붕붕 날아다녀요. 꽃꿀을 먹기 위해서지요. 꽃가루를 묻히며 꿀을 잔뜩 먹고 나면 집으로 돌아와요. 모아 온 달콤한 꿀을 일부는 먹고 나머지는 꿀 방에 넣어 벌꿀을 만들어요.

벌들이 사는 벌집은 육각형으로 아주 고르게 짜여 있어요. 동그란 원이나 삼각형, 사각형이 아니라 육각형으로 말이에요. 벌집은 왜 육각형일까요? 여기에는 특별한 비밀이 숨어 있답니다.

꿀벌은 배에서 나오는 밀랍으로 새로운 방을 만들고 집을 완성해요. 벽 두께가 0.1밀리미터에 불과한 매우 얇고 매끄러운 벽을 쌓아 방을 만들지요. 벌은 경제적인 동물이라, 아주 적은 재료로 가장 크고 단단한 집을 짓고 싶었을 거예요.

공간을 나눌 수 있는 도형으로는 원, 삼각형, 사각형, 육각형 등을 생각할 수 있어요. 먼저 원을 생각해 보면, 원을 여러 개 이어 붙이면 원과

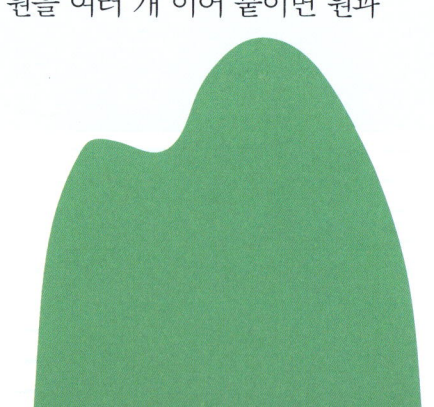

원 사이에 빈 공간이 생겨 효율적이지 않아요. 삼각형은 육각형에 비해 재료가 많이 들고, 사각형은 육각형에 비해 그다지 튼튼하지 않지요. 사각형 모양으로 집을 만들면 옆에서 건드리기만 해도 흔들리기 때문에 꿀이나 알이 흘러내릴 수 있어요.

이런 이유로 꿀벌은 가장 적은 재료로 가장 튼튼하고 넓은 방을 만들기 위해 육각형을 선택한 거예요. 그 덕분에 주어진 공간을 최대한 활용해 한정된 공간에 최대한의 꿀을 저장할 수 있게 되었답니다. 꿀벌은 어떤 동물보다 더 완벽하게 집을 짓는 곤충계의 건축가예요.

토끼와 거북의 경주

토끼와 거북이 달리기 경주를 해요.
느림보 거북이 뒤처져 오고 토끼가 한참 앞섰는데,
산속에서 갈림길이 나왔어요.
갈림길 앞에 팻말이 3개 있었어요.

❶ 왼쪽으로 가세요. ❸번 팻말 내용은 모두 사실입니다.

❷ 오른쪽으로 가세요. 왼쪽으로는 절대 가지 마세요.

❸ 왼쪽으로 가지 말고, 오른쪽으로도 가지 마세요.
❶번 팻말은 모두 거짓입니다.

세 개의 팻말 중에 하나만 진실이고,
하나는 진실과 거짓이 섞였고, 나머지 하나는 모두 거짓이었어요.
토끼는 팻말 앞에서 머리를 긁적였어요.
"왼쪽으로 가야 하나, 오른쪽으로 가야 하나?
도대체 어느 팻말이 진실이지?"

38 가벼운 귤 골라내기

"준호야, 해인아! 귤 먹자!"

엄마가 식탁에서 아이들을 불렀어요.

"귤이 동글동글 예쁜 데다 아주 달구나."

준호가 귤 하나를 까서 통째로 입에 넣고 말했어요.

"난 귤 먹기 대왕이다!"

그 모습을 보고 해인이가 눈을 흘겼지요.

"먹기만 잘하면 뭐 하냐? 머리를 잘 써야지."

엄마가 웃으며 말했어요.

"그럼 엄마가 문제 하나 낼 테니까 맞혀 보렴. 귤이 9개가 있고 각각 무게가 80그램인데 하나만 78그램이야. 양팔저울을 써서 몇 번 만에 78그램짜리 귤을 골라 낼 수 있을까?"

준호가 머리를 긁적이더니 말했어요.

"그야 네 번이죠. 양쪽에 하나씩 올려 재보면 되니까요."
"물론 그러면 알 수 있지. 하지만 가장 적은 횟수로 가벼운 귤을 알아내야 해."
과연 몇 번으로 다른 것보다 가벼운 귤 하나를 골라낼 수 있을까요?

아기의 몸무게

이모가 서아를 데리고 나윤이네 집에 놀러 왔어요.
서아는 아직 돌이 안 된 나윤이 사촌동생이에요.
"아유, 귀여워라! 이리 와 봐!"
나윤이는 서아가 귀여워 어쩔 줄 몰랐어요.
서아는 아직 걷지 못하고 이리저리 기어 다니며
뭐라고 하는지 모를 옹알이를 했어요.
"옹알옹알옹아리~"
나윤이가 안아 올리며 따라 하자 서아가 방긋 웃었지요.
서아를 안고 있으니 금방 힘이 들었어요.
문득 서아 몸무게가 궁금해졌어요.
방에서 체중계에 가져다 올려놓으려 했지만,
서아가 얼굴을 찡그리며 울음을 터뜨렸어요.

"으아앙~."

"오, 괜찮아. 안 할게."

그러자 서아가 거짓말처럼 울음을 뚝 그쳤지요.

"어떻게 몸무게를 잴 수 있을까?"

나윤이가 서아를 내려놓으며 한숨을 내쉬자

이모가 서아 몸무게를 잴 수 있는 방법을 알려 주었어요.

어떤 방법이었을까요?

40 마지막 수요일

궁전에서 파티가 열린 날, 왕자는 아름다운 여인과 함께 춤을 추었어요.

갑자기 여인은 시간이 되었다며 서둘러 돌아가다가

계단에 유리 구두 한 짝을 떨어뜨렸죠.

왕자는 구두의 주인을 찾아 나섰어요.

"이 유리 구두의 주인을 꼭 찾고 말겠어."

마침내 왕자는 신데렐라의 집까지 찾아왔어요.

유리 구두는 신데렐라의 발에 꼭 맞았지요.

왕자는 기쁨의 환호성을 질렀어요.

"오, 드디어 찾았구려. 아가씨, 나와 결혼해 주세요."

신데렐라는 가만히 고개를 끄덕였어요.

"이달 마지막 수요일에 궁전으로 와 주세요."

왕자의 말에 신데렐라는 기분이 날아갈 듯했어요.

왕자가 돌아가고 나서 신데렐라는 날짜를 헤아려 보았어요.

"이달 마지막 수요일이라고 했지?"
신데렐라는 가만히 날짜를 헤아렸어요.
달력이 없어서 손으로 헤아릴 수밖에 없었거든요.
"이달 4일과 11일이 모두 주말이라고 했으니까
그렇다면 마지막 수요일은 며칠이지?"
신데렐라가 궁전으로 왕자를 만나러 가야 하는
마지막 수요일은 며칠일까요?

41 오륜기 한붓그리기

민지가 그림을 그리고 있는 상우에게 물었어요.

"뭘 그렇게 열심히 그리는 거야?"

"응, 오륜기를 그리고 있어."

"오륜기? 올림픽을 상징하는 깃발?"

"그래. 오륜기의 다섯 개 동그라미는 다섯 대륙을 뜻하지.

아시아, 유럽, 아메리카, 아프리카, 오세아니아!"

상우가 고개를 들고 잘난 척을 하자 민지가 물었어요.

"너 그럼 오륜기를 한붓그리기 할 수 있어?"

"한붓그리기? 그게 뭔데?"

"한붓그리기는 도형에서 선을 한 번도 떼지 않고

같은 선 위를 두 번 반복해 지나지 않으면서 그리는 방법이야."

"동그라미 다섯 개를 왜 한 번에 못 그리겠어?"

상우가 기세등등하게 의욕을 보였어요.

상우는 이렇게도 해 보고 저렇게도 해 보았어요.

하지만 자꾸만 같은 선 위를 반복해 지나갔지요.

"왜 이게 안 되지?"

어떻게 하면 오륜기의 한붓그리기를 할 수 있을까요?

42 돌림판의 숫자

승민이와 동생 민지는 아빠랑 놀이공원에 놀러 갔어요.
회전목마를 타고, 붕붕카를 타고,
대관람차도 타고 신나게 놀았지요.
이번에는 바이킹을 타러 가는데
사람들이 잔뜩 모여 있는 곳이 보였어요.
사람들 틈에 끼여 살펴보았더니
돌림판의 숫자 맞히는 게임을 하고 있었어요.
"자, 돌림판의 물음표에 들어갈 숫자를 맞히면
놀이 기구 한 가지를 무료로 탈 수 있습니다.
오늘만 드리는 특별 이벤트입니다.
어서 도전해 보세요!"

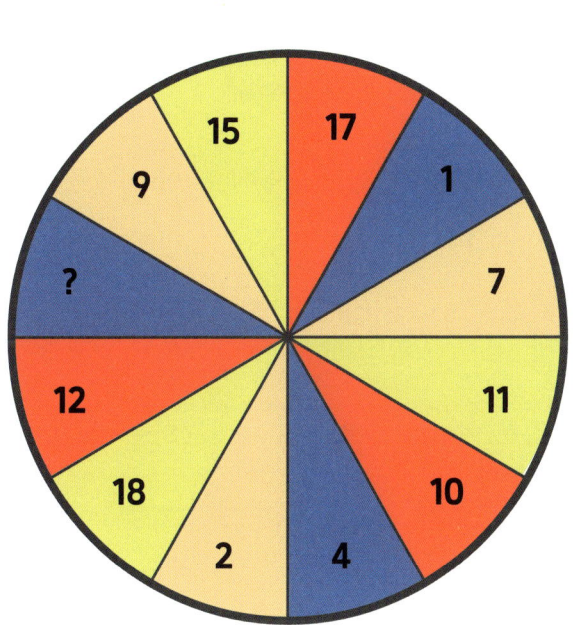

승민이는 돌림판의 숫자들을 뚫어져라 살펴보았어요.
그리고 알겠다는 듯 손을 번쩍 들었어요.
돌림판의 물음표에는 어떤 숫자가 들어가야 할까요?

 **알고 나면 재밌는 뇌 이야기**

좌뇌와 우뇌

사람의 뇌에는 약 1,000억 개의 뇌세포가 있어요. 이 뇌세포들이 서로 연결되어 작용해 우리가 몸을 움직이고 운동하고, 말하고 기억하고 생각하고 감정을 일으키는 모든 것을 지배하지요.

우리 몸에서 가장 중요한 역할을 하는 뇌를 더 자세히 들여다보면 왼쪽 부분인 좌뇌와 오른쪽 부분인 우뇌로 나눌 수 있어요. 일반적으로 좌뇌는 기억을 하기 위한 뇌, 우뇌는 상상을 하기 위한 뇌라고 해요. 그런데 사람이 자라는 환경에 따라 좌뇌가 발달하기도 하고, 우뇌가 발달하기도 하지요.

과학자들의 분석에 따르면, 좌뇌가 더 발달한 사람은 논리력과 수리력, 추리력, 언어 표현 능력 등이 뛰어나 분석적이면서 계획적이고, 현실적인 것을 선호하는 특징이 있어요. 반면에 우뇌가 더 발달한 사람은 상상력이 풍부하고 감상적이어서 미술과 음악 같은 예체능 계열에 더 뛰어난 재능을 보이며, 활달한 성격을 가진다는 특징이 있죠.

좌뇌와 우뇌는 이처럼 각각 담당하는 기능이 달라서 발달한 정도에 따라 성격과 적성, 능력까지 달라질 수 있어요.

따라서 자기 뇌가 어느 쪽이 더 발달했는지, 어느 쪽을 더 발달시켜야 하는지 아는 것이 중요해요. 그리고 무엇보다 좌우가 균형 잡힌 뇌로 만들어 주는 것이 이상적이겠지요. 뇌를 활성화하려면 좌뇌와 우뇌를 함께 사용하는 노력이 필요하답니다.

43 숫자를 쓰는 규칙

선생님이 칠판에 표를 그리고
숫자를 써 넣은 다음 문제를 냈어요.

2	23	16
3	54	15
4	65	14
5	56	13
6	?	12

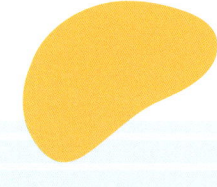

"이렇게 왼쪽과 가운데, 오른쪽 칸에
서로 다른 숫자가 쓰여 있어.
가운데 맨 아래 칸에 어떤 숫자가 들어가야 할까?"
아이들이 저마다 숫자를 뚫어져라 쳐다보며
맨 아래 칸에 들어갈 숫자가 무얼까 궁금해 하며
왼쪽과 오른쪽 칸의 관계를 풀려 했어요.
그때 주영이가 손을 번쩍 들었어요.
물음표에 어떤 숫자가 들어가야 할까요?

아기 돼지 사 형제

인기 유튜버 꿀순 씨가 방송을 찍는 날이에요.
"애들아, 오늘은 즐거운 먹방(먹는 방송)을 찍자!"
엄마 돼지 꿀순 씨는 음식을 잔뜩 차려 놓고 아기 돼지들에게 말했어요.
피자, 잡채, 과일, 떡볶이, 빈대떡, 케이크, 과자 등등 맛난 음식이 가득했지요.
촬영이 시작되자 아기 돼지 사 형제는 정신없이 먹기 시작했어요.
"애들아, 이야기도 하면서 먹어야지."
첫째는 물론 다른 형제들도 말할 새가 없다며 손을 내저었어요.
그러자 얼마 안 가 음식이 동이 나 버렸지요.
꿀순 씨는 방송 분량을 못 채워 난감했지만,
첫째는 배를 쓰다듬으며 트림을 했어요.
"오랜만에 잘 먹었다, 꺼억!"
그런데 둘째가 볼멘소리를 했어요.

"난 얼마 못 먹었어. 형이 나하고 셋째가 먹은 걸 합친 것만큼 먹었거든."

셋째도 울상이 되어 말했어요.

"그래도 둘째 형은 나하고 막내가 먹은 걸 합친 것만큼 먹었잖아."

그러자 막내가 울음을 터뜨렸어요.

"으앙, 난 셋째 형의 반밖에 못 먹은걸. 더 먹고 싶어. 으앙!"

꿀순 씨는 정신이 하나도 없었어요.

"그럼 첫째는 막내보다 몇 배나 더 먹은 거야?"

45 따라쟁이 혼내 주기

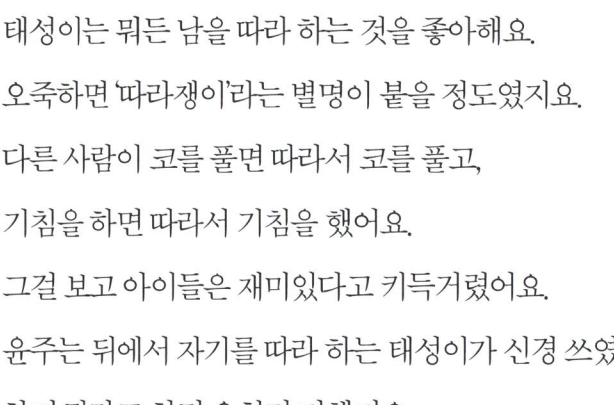

태성이는 뭐든 남을 따라 하는 것을 좋아해요.
오죽하면 '따라쟁이'라는 별명이 붙을 정도였지요.
다른 사람이 코를 풀면 따라서 코를 풀고,
기침을 하면 따라서 기침을 했어요.
그걸 보고 아이들은 재미있다고 키득거렸어요.
윤주는 뒤에서 자기를 따라 하는 태성이가 신경 쓰였어요.
하지 말라고 하면 오히려 더했지요.
"따라 하지 말라고!"

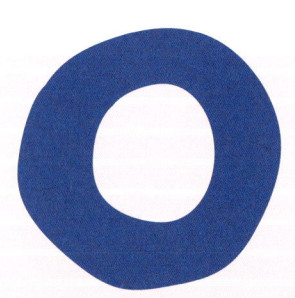

윤주가 말하면 그 말마저 따라 했어요.

"따라 하지 말라고!"

보다 못한 서우가 윤주에게 귓속말로 속삭였어요.

그러자 윤주가 어떤 행동을 했고

그다음부터 태성이가 따라 하지 않았답니다.

서우가 알려준 방법은 무엇이었을까요?

46 멋진 반려동물

진우, 미주, 준수, 승민, 세영이가
성호의 생일을 맞아 성호네 집에 놀러 왔어요.
생일 축하 잔치를 끝내고 나서 친구들이 성호의 멋진
반려동물을 보여 달라고 성화를 부렸어요.
"어서 세영이한테도 구경시켜 줘!"
다른 친구들은 본 적이 있어서 이미 잘 알고 있었어요.
세영이만 어떤 반려동물을 키우는지 본 적도, 들은 적도 없었지요.
조금 뒤, 성호가 안이 보이지 않는 상자를 가지고 나왔어요.
"나와 친구들이 이 반려동물이 무언지 힌트를 주고
세영이가 맞혀 보는 게 어때?"
다들 좋다고 찬성하며 힌트를 주었어요.

▶성호: 생김새가 멋있는 곤충이고 반려동물로 인기가 많아.

▶진우: 먹이로 나무의 진을 가장 잘 먹어.

▶준수: 암컷은 이 곤충의 상징이기도 한 큰 턱이 있고,
　　　　수컷은 이빨 수준의 작은 턱을 가지고 있지.

▶미주: 딱딱하고 부드러운 날개를 두 개씩 갖고 있어.

▶승민: 뿔이 어떤 동물을 닮아 이런 이름이 붙었대.

이 중에서 한 친구는 잘못된 정보를 알려 주었어요.
친구들이 말하는 성호의 반려동물이 무엇이고,
잘못된 정보를 준 친구는 누구인지 말해 보세요.

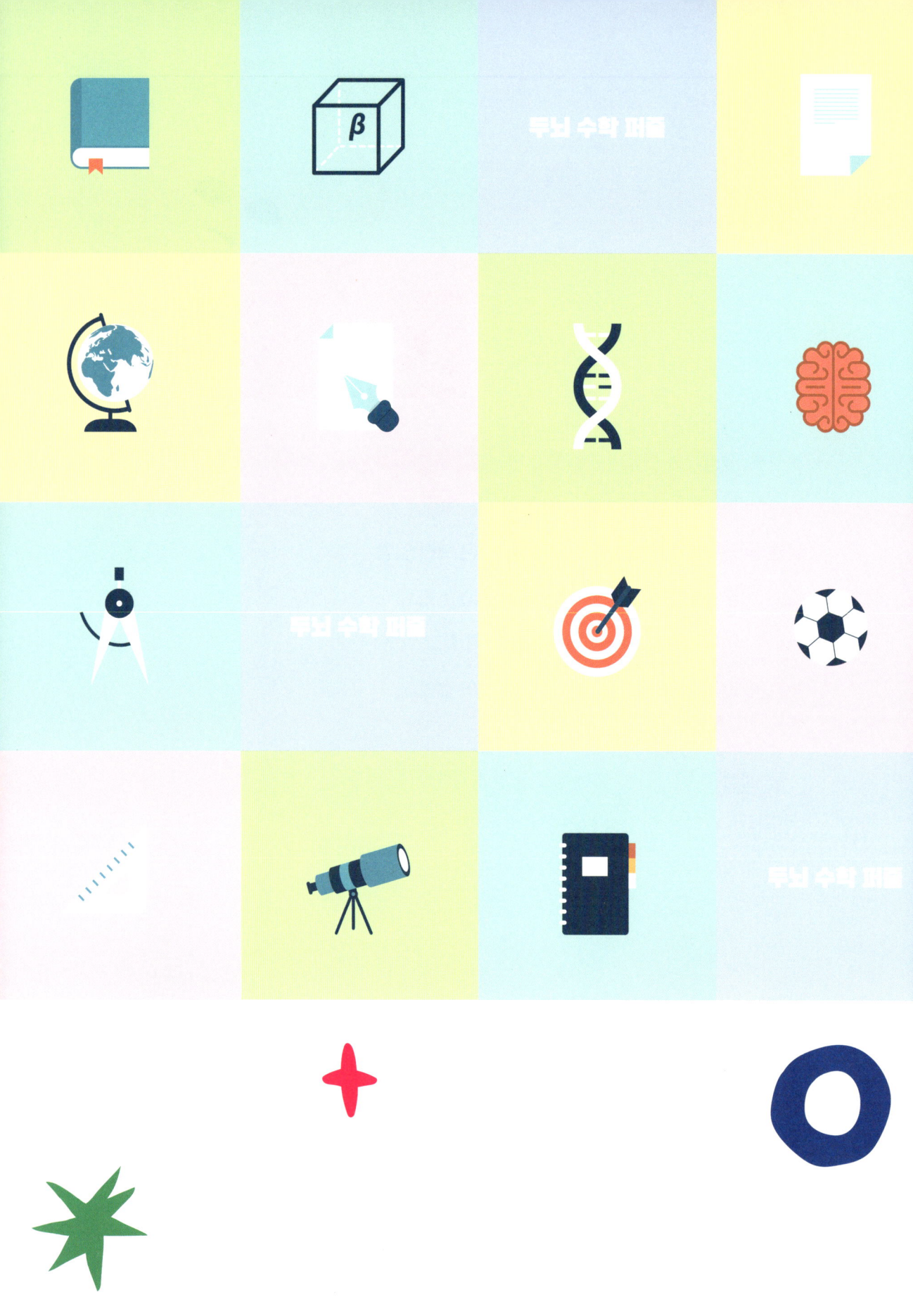

두뇌수학 퍼즐

두뇌

정답과 해설

정답과 해설

01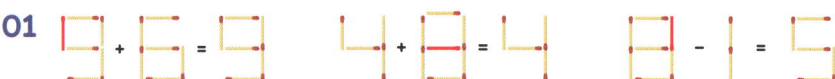

02 성탄절

03 나무

04
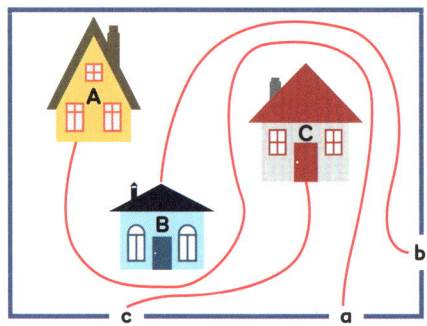

05 100만 원(반지값 45만 원 + 거스름돈 55만 원)

06

07 6번(001, 010, 011, 100, 110, 101 중의 하나이므로 최대 6번)

08 파인애플(94)-토마토(84)-오렌지(60)-멜론(59)-바나나(33)

09

3	1	5	4	2
	∧		∨	
5 > 2	3	1	4
1	4	2	3 < 5
		∨		
4 < 5	1	2	3
∨			∨	
2	3 < 4	5 > 1

10 76세

  설명 : 할아버지 자식이 7명이면, 각 자식이 7명의 아이를 두었으니까, 손주는 7×7=49명이 된다. 여기에 할아버지 자식 7명을 더한 수 49+7=56에 20을 더하면 76세가 되어 70보다 많고 90보다 적은 조건에 맞게 된다. 자식이 6명이면 70보다 적고, 자식이 8명이면 90보다 많게 된다.

정답과 해설

11

12 오후 8시 30분

13 사슴 15마리, 타조 14마리

설명 : 사슴의 다리는 4개이고, 타조는 2개이다.

14

6	15	9	4
12	1	7	14
3	10	16	5
13	8	2	11

15 1. 동준 2. 민수 3. 준호 4. 진우

16 (유나의 그림) 까마귀 날자 배 떨어진다.

(민희의 그림) 닭 쫓던 개 지붕 쳐다보듯 한다.

17 먼저 닭을 들고 강 건너편에 내려놓고 다시 돌아와 개(또는 쌀)를 들고 다리를 건너 내려놓고 닭은 다시 들고 건너오고, 쌀(또는 개)을 들고 다리를 건너 내려놓고 돌아와, 닭을 들고 건너가면 된다.

18

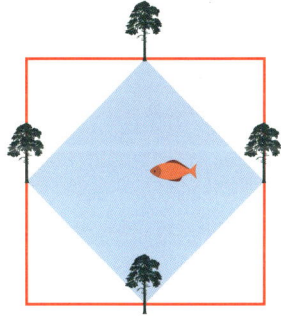

19 총 21분

설명 : 먼저 종수와 승민이 다리를 건너고 종수가 돌아온다(종수보다 늦은 승민이가 걸린 시간 3분+종수가 돌아오는 시간 2분

정답과 해설

=5분). 이어 영호와 성호가 다리를 건너고, 건너편에 있던 승민이가 돌아온다(영호보다 늦은 성호가 걸린 시간 10분+승민이가 돌아오는 시간 3분=13분). 그리고 마지막으로 종수와 승민이가 다리를 건넌다(종수보다 늦은 승민이가 걸린 시간=3분). 이렇게 해서 총 걸린 시간은 5분+13분+3분=21분이다.

20 시계, 김밥

21 A=51, B=206

22 이선우-만화가-등산
최은성-운동선수-영화 감상
박유진-연극배우-퍼즐 게임

23 ❹

24 쌀쌀한 가을날이라 동전이 차가운데, 민수가 손바닥에 쥐었던 동전은 따듯했기 때문에 손에 온기가 전해져 그 동전인 줄 안 것이다.

25 3분짜리 모래시계와 5분짜리 모래시계를 동시에 작동한다. 3분짜리가 끝나면 뒤집어 놓는다(3분 경과).

2분이 더 지나 5분짜리가 끝나면 3분짜리를 다시 뒤집어놓는다(5분 경과, 뒤집은 3분짜리 모래시계에 2분이 남아 있음).

3분짜리가 끝난다(7분 경과).

26 코르크 마개를 살짝 안으로 집어넣는다.

27 28개

설명 : 나머지가 4개면 민아가 4개 먹었고, 두영이는 8개를 먹은 셈이다. 계산하면 12+8+4+4=28개가 된다.

28

 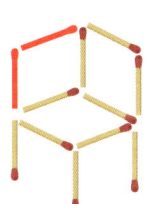

29 설명 : ① 8되짜리 됫박에 담은 검은콩을 5되짜리 됫박에 가득 담는다.

② 5되짜리 됫박을 비우고 8되짜리 됫박에 남았던 3되를 담는다.

③ 다시 8되짜리 됫박에 검은콩을 가득 담아 3되가 든 5되짜

정답과 해설

리 됫박에 가득 차도록 2되를 더 담는다. 그러면 8되짜리 됫박에 6되가 남는다(다른 방법으로 재는 방법도 있다.).

30 11점짜리 1발, 15점짜리 4발, 29점짜리 1발을 맞혀야 한다. 이것을 식으로 나타내면 11점+(15점×4회)+29점=100점이다.

31 1. 보미 2. 5층 3. 민지 4. 봉주 5. 6층

32 가위바위보(바위는 0, 가위는 2, 보는 5를 뜻함)

33 ❷

설명 : 거울은 빛을 반사해 보이기 때문에 왼쪽과 오른쪽이 반대로 보인다.

34

35 3, 4, 5, 6

36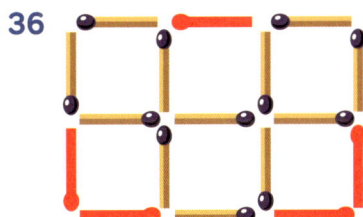

37 ❷

    설명 : 만약 ❶의 내용이 모두 진실이라면 ❸의 내용 또한 모두 진실이어야 한다. 따라서 ❶번은 거짓, ❷번은 진실, ❸번은 진실+거짓이다.

38 두 번

    설명 : 귤 9개를 3개씩 세 묶음으로 나눈 뒤, 먼저 두 묶음을 양팔저울에 올려놓는다. 저울이 한쪽으로 기울면 가벼운 쪽의 귤 3개 중 2개를 저울에 올려놓으면 가벼운 귤을 알 수 있다. 마찬가지로 3개씩 올렸을 때 수평을 이루면 나머지 한 묶음에 있는 귤 3개 중 2개를 저울에 올려 수평을 이루면 남아 있는 1개가 가벼운

정답과 해설

귤이고, 저울이 기울면 위쪽의 귤이 가벼운 귤이다.

39 서아를 안고 체중계에 올라간다.

설명 : 서아를 안고 잰 몸무게에서 나윤이의 몸무게를 빼면 서아의 몸무게를 알 수 있다.

40 29일

41

42 8

설명 : 대각선의 숫자의 합이 19이다.

43 27

설명 : 왼쪽 칸과 오른쪽 칸의 숫자를 곱한 수를, 일의 자리를 십의 자리에, 십의 자리를 일의 자리에 바꾸어 가운데 칸에 쓴 것

이다.
44 5배

　설명 : 막내가 1개를 먹었다면 셋째는 2개, 둘째는 3개, 첫째는 5개를 먹은 셈이다.

45 눈을 감았다.

46 반려동물은 사슴벌레이고, 준수가 암컷과 수컷에 대한 정보를 바꿔서 말했다.

두뇌 수학 퍼즐 1

초판 1쇄 발행 2022년 4월 15일

글쓴이 김현
펴낸이 황정임
펴낸곳 ㈜노란돼지(푸른등대)
마케팅 이주은, 이수빈, 고예찬 | **경영지원** 손향숙
등록번호 제 2021-000038호 | **등록일자** 2021년 3월 22일
주소 경기도 파주시 문발로 115(파주출판문화정보산업단지), 307 (우)10881
전화 031-942-5379 | **팩스** 031-942-5378

ⓒ주식회사 노란돼지

ISBN 979-11-92277-13-4 74710
     979-11-974410-1-1 (세트)

제조국 대한민국 | **사용연령** 8세 이상
주의사항 종이에 베이거나 긁히지 않도록 조심하세요.
          책 모서리가 날카로우니 던지거나 떨어뜨리지 마세요.

도서출판 노란돼지는 독자 여러분의 의견을 기다립니다. yellowpig.co.kr | 인스타그램 @bluelighthouse_pub

 푸른등대는 널따란 바다에서 길을 찾게 도와 주는,
지식의 길잡이와 같은 책을 펴냅니다.